ESTAS MURIENDO

ARJUNA LÓPEZ

ESTAS MURIENDO

Arjuna López

Registro Safe Creative: 2501154909785

ISBN Amazon: 9798307182840

Enero de 2025
Diseño y formación
SAMARIBA BOOKS | Alfredo Ríos Gómez

Todos los derechos reservados. No se permite la reproducción total o parcial de este libro, ni su incorporación a un sistema informático, ni su transmisión en cualquier forma o por cualquier medio, ya sea electrónico, mecánico, fotocopia, grabación u otros, sin autorización expresa y por escrito del autor. La información, la opinión, el análisis y el contenido de esta publicación es responsabilidad del autor.

ÍNDICE

INTRODUCCIÓN — 7

PRÓLOGO — 11

CAPÍTULO 1
EL DESPERTAR DE LA CONCIENCIA — 15

CAPÍTULO 2
ENFRENTANDO LA MORTALIDAD — 23

CAPITULO 3
EL TESTIGO DEL ADIÓS — 33

CAPITULO 4
LA MUERTE SEGÚN QUIEN? — 41

CAPITULO 5
DESCIFRANDO EL ENIGMA — 49

CAPITULO 6
EL ARTE DE AFRONTAR LA MUERTE — 55

CAPITULO 7
LA LÍNEA ENTRE LA VIDA Y LA MUERTE — 65

CAPITULO 8
MUERTOS EN VIDA — 71

CAPITULO 9
DISEÑANDO MI MUERTE — 79

CAPITULO 10
EL SIGNIFICADO DE LA MUERTE EN EL TAROT — 87

CAPITULO 11
MUERTE DE UNA RELACIÓN — 93

CAPÍTULO 12
LA VIDA TRAS UNA PERDIDA — 99

CAPÍTULO 13
LA MUERTE, UN CAMINO DE TRANSFORMACIÓN — 115

CAPÍTULO 14
VIVO MIENTRAS MUERO — 129

AGRADECIMIENTO ESPECIAL — 139

INTRODUCCIÓN

En las páginas de este libro explorarás el tema universal de la muerte de forma profunda y conmovedora. Reconociendo la sensibilidad que rodea este tema, mi objetivo es ofrecerte una guía concisa pero significativa, que destile la esencia pura de experiencias y reflexiones sobre este aspecto inevitable de la vida.

A través de relatos reales y honestos, te invito a acompañarme en un viaje hacia la comprensión y aceptación de la muerte. Ya sea que estés lidiando con el miedo, la incertidumbre o el dolor de una pérdida, o simplemente desees indagar más en el significado de la existencia, este libro está diseñado para brindarte consuelo y claridad en momentos difíciles.

Creo en la fuerza de la energía que nos conecta a todos, y si estas palabras han llegado a ti, confío en que hay un propósito en nuestra unión en estas páginas. Juntos, podemos encontrar paz y entendimiento en medio de la inevitabilidad de la muerte.

PRÓLOGO

POR VERONICA CASTILLO

El libro que tienes en tus manos es una exploración profunda y personal sobre un tema tan tabú como la muerte. Mi esposo ha sido testigo de la muerte en diferentes circunstancias a lo largo de su vida, desde la pérdida de seres queridos hasta experiencias cercanas a la muerte en su propia piel.

En estas páginas, encontrarás relatos sinceros y conmovedores sobre cómo la muerte ha impactado su vida y la de su familia. A través de estas experiencias, ha logrado ver la muerte desde múltiples perspectivas, comprendiendo que cada persona la enfrenta de manera única, influenciada por su religión, crianza o aprendizajes de vida.

Este libro no pretende ser una guía sobre cómo enfrentar la muerte, sino más bien una invitación a reflexionar sobre nuestra propia relación con ella. A medida que avances en estas páginas, te invito a abrir tu mente y tu corazón a las distintas formas de ver la muerte, descubriendo la fortaleza y el crecimiento que puede surgir de enfrentarnos a la inevitable realidad de la muerte.

Espero que este libro te inspire a reflexionar sobre tu propia visión de la muerte y a encontrar consuelo y fortaleza en las experiencias compartidas por mi esposo. Que te acompañe en tu propio viaje de exploración y comprensión de este misterio que nos une a todos en última instancia.

CAPÍTULO

EL DESPERTAR DE LA CONCIENCIA

Muchas veces caemos en la rutina diaria sin siquiera ser conscientes de ello, dejando que los días pasan uno tras otro sin detenernos a disfrutar el momento presente. Es fundamental darse cuenta de que nuestra vida es finita y que cada día cuenta, por lo que debemos aprender a apreciar y valorar cada instante.

La repetición constante de las mismas acciones sin reflexionar sobre su significado puede llevarnos a sentirnos atrapados en un ciclo interminable, sin rumbo ni propósito. Es importante detenernos, reflexionar y tomar conciencia de nuestras acciones y decisiones, para así poder vivir de forma más plena y consciente.

Vivir de forma consciente implica estar presentes en cada momento, disfrutando de las pequeñas cosas y apreciando la belleza que nos rodea. Solo así podremos vivir una vida plena y satisfactoria, aprovechando al máximo cada día que se nos brinda.

En resumen, es fundamental tomar conciencia de cómo se nos va la vida en repeticiones sin sentido, para poder cambiar nuestra forma de vivir y aprovechar al máximo cada instante. ¡No dejemos que la vida pase frente a nuestros ojos sin siquiera notarlo!

Es tan fácil sumergirse en el remolino de "qué hubiera sido si".

Pero no deberíamos dejar que esos pensamientos nos consuman. Porque al final del día, lo que importa es lo que hacemos con lo que tenemos aquí y ahora cada acción, cada decisión, cada palabra que decimos o dejamos de decir, cuenta. Cada pequeño gesto, por más insignificante que parezca, puede hacer una gran diferencia en la vida de alguien más.

Quizás sea hora de empezar a vivir de manera más consciente, de tomar responsabilidad por nuestras acciones y decisiones. Es momento de dejar de lamentarnos por lo que pudo haber sido y empezar a trabajar en lo que realmente importa porque al final, la vida no es solo un sueño. Es real, es tangible, y está pasando en este momento. Así que no esperes más, no dejes que más oportunidades se te escapen. Aprovecha cada gota de agua que se te ha dado, y haz que cuente. Por qué al culminar el día, lo que importa es vivir una vida plena, una vida llena de amor, de alegría, de momentos inolvidables. Y eso solo lo logramos cuando estamos verdaderamente presentes en el aquí y el ahora a aquellos que lo necesitan. La muerte es inevitable, pero lo importante es cómo vivimos nuestra vida y cómo impactamos en los demás mientras estemos aquí.

Aprovechemos cada día para hacer el bien, para amar incondicionalmente y para disfrutar de cada momento. No dejemos que los arrepentimientos nos consuman, sino que aprendamos de ellos y sigamos adelante con la sabiduría y el amor que solo la experiencia puede brindarnos.

Recordemos siempre que la vida es un regalo precioso y debemos vivirla al máximo, con gratitud y generosidad hacia los demás. ¡Vivamos cada día como si fuera el último, porque nunca sabemos cuándo llegará nuestro momento final!

Es importante tomarnos el tiempo de reflexionar sobre nuestra vida, nuestras acciones y nuestras emociones. Debemos estar dispuestos a enfrentar nuestros miedos y traumas, a sanar nuestras heridas emocionales y a buscar la felicidad y plenitud en nuestras vidas.

El proceso de autoconocimiento y crecimiento personal es fundamental para vivir una vida plena y satisfactoria. No podemos seguir viviendo de manera automática, siguiendo los mandatos sociales y buscando la aprobación externa. Debemos conectarnos con nosotros mismos, con nuestras emociones y con nuestras necesidades más profundas.

Es importante recordar que la vida es corta y fugaz, y que cada día es una oportunidad para ser felices, para hacer el bien y para vivir en plenitud. No desperdiciemos nuestro tiempo en cosas que no nos llenan, en relaciones tóxicas o en trabajos que nos hacen infelices.

Hagamos caso a nuestra intuición, escuchemos a nuestro corazón y sigamos el camino que nos lleve a la verdadera felicidad. Seamos valientes, enfrentemos nuestros miedos y traumas, y construyamos una vida llena de amor, alegría y significado. ¡La vida es demasiado corta para vivirla en la mediocridad!

Es hora de cuestionar todo lo que nos han enseñado, de buscar respuestas más allá de lo que nos han inculcado. Necesitamos aprender a gestionar nuestras emociones, a comprender nuestras necesidades y deseos más profundos. Necesitamos aprender a amarnos a nosotros mismos antes de poder amar a otra persona.

La educación debería incluir lecciones sobre inteligencia emocional, sobre cómo mantener una vida equilibrada y saludable en todos los aspectos. Necesitamos aprender a comunicarnos de manera efectiva, a establecer límites saludables y a cuidar nuestra salud mental.

No podemos seguir permitiendo que el sistema nos condicione a ser seres incompletos, a vivir en constante insatisfacción. Es hora de romper con esos patrones y empezar a vivir una vida más plena y auténtica.

Así que, la próxima vez que te preguntes por qué te cuesta tanto encontrar pareja, por qué no destacas en tu trabajo o por qué no entiendes tus emociones, recuerda que la respuesta puede estar en el tipo de educación que has recibido.

Es hora de cambiar ese paradigma y empezar a construir una vida más plena y satisfactoria para ti mismo. ¡Es hora de reinventar nuestra educación y nuestra forma de vivir!

ENFRENTANDO LA MORTALIDAD

El momento en que la realidad de nuestra propia mortalidad se hace evidente, es un impacto emocional abrumador que puede cambiar por completo nuestra perspectiva de la vida

El impacto emocional de enfrentar la propia mortalidad desde una edad temprana ha sido una constante en mi vida. Desde niño, la muerte se hizo presente de manera dolorosa en mi entorno. La primera pérdida significativa fue la de mi hermano José Luis, un bebé muy esperado que nunca llegó a casa debido a una emergencia durante el sexto mes de embarazo. A la corta edad de 5 años, fue la primera vez que experimenté el dolor y la tristeza que acompaña a la muerte.

A los 7 años, la emoción nuevamente embargó a mi familia con el embarazo de mi madre, esta vez de una niña, Maria Gabriela. Los 9 meses de espera estuvieron llenos de ilusiones y felicidad, pero la alegría se convirtió en tragedia cuando la pequeña falleció a los 15 días de nacer, debido a una negligencia médica. Fue en ese momento que comprendí el verdadero significado de la muerte, impactando de manera profunda en mi vida.

La muerte se volvía cada vez más presente en mi vida, arrasando como un tsunami de emociones en mi familia.

Estos eventos dolorosos me llevaron a asociar la muerte con la pérdida y el sufrimiento, viendo cómo se llevaba todo lo que amaba. Sin embargo, también me impulsaron a enfrentar la realidad de la propia mortalidad y a encontrar fortaleza en medio de la adversidad.

Cuando era niño, crecí con la influencia de mi abuelo paterno, Ramón Soto, quien fue una figura clave en mi vida y me mostró el camino que sigo hoy en día. Mis bases y a lo que me dedico actualmente nacen de él. Un día, mi mamá recibió una llamada informando que mi abuelo estaba teniendo problemas para respirar y necesitaba ser llevado al médico de inmediato. Fui yo quien se encargó de buscarlo y manejar rápidamente hacia la clínica, viendo en su rostro el malestar que le aquejaba. Al llegar, fue ingresado de emergencia y tras varios análisis, se confirmó la presencia de una enfermedad que ya conocía, la misma que se había llevado a mi abuela (Cáncer). Esta vez, decidí estar allí para él en todo momento.

Durante los seis meses siguientes, visitaba a mi abuelo todos los días en su casa y su compañía se convirtió en mi prioridad. Lamentablemente, el 13 de octubre de 2013 marcó su partida y al llegar a su hogar, su ausencia se hizo evidente. A pesar de que su cuerpo estaba presente, la magia y la atmósfera que solía llenar con su presencia ya no estaban.

Sentí un profundo vacío y comprendí la importancia del alma, ya que el cuerpo es solo un cascarón. Una de las frases que siempre recuerdo de él es: "No me importa morir, sino dejarlos a ustedes en un mundo tan complejo". Esto me llevó a comprender que a menudo le tememos más a perder a quienes amamos que a nuestra propia mortalidad, ya que la parte más difícil recae en los que quedan vivos. Unos años después, debido a la situación de mi país, me vi obligado a emigrar llevando conmigo solo a mi esposa y mi gata, quienes se convirtieron en mi refugio. A pesar de las largas jornadas laborales, el regreso a casa y la compañía de mi gatita me reconfortaba y me daban fuerzas para seguir adelante. Sin embargo, un día trágico, mi gata fue envenenada y falleció en mis brazos, dejándome con un profundo dolor y la sensación de no haber hecho lo suficiente. En ese momento, está perdida me enseñó la efímera naturaleza de la vida y la importancia de amar cada día como si fuera el último.

Seis años después de dejar mi país, la muerte volvía a hacerse presente en mi vida, pero esta vez a la distancia, trayendo consigo sentimientos de frustración. No pude viajar a mi país para despedirme de mi querido abuelo paterno, Pastor López. Sentí que no había sido suficiente lo que hice en ese momento, ya que él se entregó en cuerpo y alma para que su familia no le faltara nada, incluso construyendo una casa para mis padres.

Sentí que no había dado lo suficiente a cambio de todo lo que él me había dado a lo largo de su vida. Es la primera vez que hablo de él, y es un momento de reflexión profunda. Al comprender que su calidad de vida no era la mejor y que su partida lo liberó de su sufrimiento en una cama de clínica, pude ver su muerte de forma distinta.

En este capítulo, comparto las experiencias de las muertes que han marcado mi vida y de las cuales he aprendido lecciones valiosas. Cada una de ellas ha dejado una huella imborrable en mi corazón y me ha permitido crecer como persona. Te invito a reflexionar sobre la muerte de tus seres queridos y el legado que han dejado en ti ya que cada uno de ellos sigue vivo dentro de ti.

A lo largo de mi vida, aprendí una lección invaluable: la importancia de la resiliencia. A pesar de enfrentar numerosos desafíos y obstáculos, nunca me di por vencido y siempre encontré la fuerza para levantarme y seguir adelante.

Aprendí a adaptarme a las circunstancias y a superar las adversidades con determinación y valentía.

Este aprendizaje me permitió crecer y fortalecerme como persona, convirtiéndome en un ejemplo de perseverancia y determinación para los demás. Descubrí que la vida está llena de altibajos, pero que lo importante es saber que siempre hay una luz al final del túnel y que es posible superar cualquier desafío si se tiene la actitud y la voluntad de hacerlo.

Aprendí a valorar la vida y a no dar por sentado a las personas que tengo a mi alrededor. Aprendí a ser empático y compasivo, a estar presente para los demás en momentos de dolor y a recordar que la vida es frágil y puede cambiar en un instante.

Estas experiencias me han enseñado a ser agradecido por cada día que tengo y apreciar los momentos felices con mis seres queridos. Me ha hecho más fuerte y me he permitido ver que la muerte es parte de la vida, un ciclo natural que debemos aceptar y aprender a vivir con ello.

A pesar del dolor y la tristeza que he vivido, he podido encontrar la belleza en la vida y a seguir adelante, recordando siempre a aquellos que han partido pero que siguen viviendo en mi corazón.

Me convertí en una fuente de inspiración para aquellos que me rodean, demostrando que no importa cuán difíciles sean las circunstancias, siempre se puede encontrar la fuerza para seguir adelante y alcanzar los sueños y metas que se propongan.

Mi historia de vida se convirtió en un testimonio de la capacidad del ser humano para superar cualquier adversidad y salir más fuerte.

Nada nos confronta con nuestra propia vulnerabilidad y finitud como el hecho de reconocer que en algún momento todos llegaremos al final de nuestro camino.

CAPÍTULO

EL TESTIGO
DEL ADIÓS

Mi abuela Judith Miranda ha sido testigo de varias despedidas en su vida. Ha estado presente en el último suspiro de varios de sus seres queridos, compartiendo con ellos ese difícil momento en el que el adiós se volvía inevitable.

En cada una de esas ocasiones, mi abuela fue testigo del constante vaivén de emociones que invaden a quienes estaban a punto de partir. Algunos parecían resignados, como si supieran que su tiempo en este mundo estaba llegando a su fin, mientras que otros se aferraban a la vida con la esperanza de un milagro que les permitiera quedarse un poco más.

A través de esas experiencias, aprendió que el deseo de dejar de sufrir y la necesidad de aferrarse a la vida a menudo conviven en el corazón de quienes están por partir. Esa ambigüedad era parte del proceso de aceptación de la muerte, un proceso que podía ser tan doloroso como liberador.

A pesar de toda la incertidumbre que rodeaba esos momentos, ella había encontrado consuelo en el hecho de que, al final, todos coincidían en el dolor que dejarían atrás al partir. Esa sensación de pérdida y de vacío era parte inherente del adiós, pero también era el reflejo del amor y los recuerdos que habían compartido con quienes ya no estarían más.

Para mi abuela Judith, ser testigo del adiós es una experiencia profundamente humana, que le recordaba la fragilidad de la vida y la importancia de vivir cada día con gratitud y amor. Y aunque esas despedidas siempre dejarán una huella imborrable en su corazón, también le recuerdan que la muerte es parte inevitable de la vida, y que en ese ciclo eterno encontraba la fortaleza para seguir adelante.

Ella me contó la historia del padre de su hijo menor, quien estaba pasando por un doloroso proceso de deterioro de su calidad de vida debido a problemas respiratorios. A pesar de su sufrimiento, él se aferraba a la vida por el amor que sentía hacia ella y su hijo, lo cual le llevaba a no querer dejarlos solos. En un momento de crisis, el hombre solicitó morir, ya que el suministro de oxígeno que recibía ya no era suficiente para aliviar su dolor.

Ante esta situación, se hacía necesario el uso de morfina como calmante para el dolor, sin embargo, los médicos se mostraban renuentes a autorizar su administración debido al riesgo que conllevaba, ya que podía desencadenar la muerte del paciente. Ante este dilema, Judith tuvo que recurrir a la opinión de la madre de su esposo para poder obtener la autorización necesaria para administrar la morfina.

Después de horas de angustia y tensión, finalmente se logró autorizar el uso de morfina, lo cual permitió que el hombre pudiera partir en paz, agradeciendo a Judith por estar a su lado en ese difícil momento. Esta historia pone de manifiesto las complicadas decisiones a las que a veces nos enfrentamos en situaciones extremas, y cómo el amor y la compasión pueden guiar nuestras acciones en momentos de dolor y sufrimiento.

Judith nos relató con emoción cómo era su madre, una mujer que demostraba una firmeza inquebrantable en su deseo de aferrarse a la vida por amor y fe. Su mayor anhelo era conocer a su nieto y celebrar sus bodas de oro. En medio de una crisis de salud desgarradora, su madre elevó una plegaria a Dios pidiendo unos meses más de vida, y en un giro del destino que parecía improbable, su deseo se cumplió. Durante ese tiempo extra, pudo disfrutar de los momentos que había ansiado compartir y finalmente, cuando llegó el momento, pudo partir en paz. La determinación y la fe inquebrantable de esta valiente mujer dejaron una huella imborrable en cada uno de los que tuvimos el privilegio de conocerla.

Judith nunca olvidaría el día en que su abuela le compartió su deseo de ser vestida con la ropa blanca que había comprado especialmente para su funeral. Aunque al principio le costó trabajo aceptar que su mamá estaba contemplando su propia muerte, pronto entendió que era parte de la vida y que era importante acompañarla en sus últimos días.

Así que Judith pasó tiempo con su mamá, compartiendo anécdotas, risas y lágrimas mientras la anciana se preparaba para su inevitable partida. Cuando finalmente llegó el día, Judith cumplió la última voluntad de su mamá y la vistió con la ropa blanca, recordando las palabras que le había dicho sobre dejar todo en orden antes de su partida. Fue un momento emotivo, pero también reconfortante, ya que la mamá había planeado su despedida con amor y cuidado.

Después del funeral, Judith se sintió reconfortada al haber cumplido la última voluntad de su mamá. Guardaba en su corazón preciosos recuerdos de los momentos compartidos juntas, que sabía que nunca se borrarán. Aunque ya no estuviera físicamente con ella, Judith sentía la presencia de su mamá en espíritu, recordando la importancia de vivir cada día al máximo y de enfrentar lo inevitable con valentía y amor.

Sabía que su mamá siempre la acompañaría en su camino, guiándola y recordandole las lecciones de vida que le había enseñado. Judith se sentía agradecida por haber tenido a una abuela tan sabia y amorosa, y prometió honrar su memoria viviendo de la manera en la que ella siempre había enseñado: con amor, valentía y alegría.

En este capítulo, se aborda la idea del paso del tiempo y la inevitabilidad de la despedida. Judith fue testigo de la partida de seres importantes en su vida, lo cual nos lleva a reflexionar sobre la importancia de valorar cada momento y a apreciar a las personas que nos rodean.

A través de la historia del "testigo del adiós", aprendemos que la vida está llena de cambios y despedidas, pero también de nuevos comienzos y oportunidades para crecer y aprender. Es fundamental vivir el presente de manera intensa, disfrutando de los momentos con nuestros seres queridos y recordando siempre la importancia de expresar nuestro amor y gratitud hacia ellos.

Además, este capítulo nos enseña a enfrentar las despedidas con valentía y sabiduría, entendiendo que son parte inevitable de nuestro camino y que debemos aprender a dejar ir a quienes se van, confiando en que siempre llevaremos un pedazo de ellos en nuestro corazón.

CAPÍTULO IV
CUATRO

LA MUERTE SEGÚN QUIEN?

Crecer en una familia con una gran diversidad de religiones ha sido una experiencia enriquecedora, ya que me ha permitido explorar y comprender la muerte desde distintas perspectivas filosóficas.

Desde que era pequeño, he sido testigo de cómo cada miembro de mi familia enfrentaba la pérdida de un ser querido de acuerdo a sus creencias religiosas. Para algunos, la muerte era vista como el paso hacia una vida mejor en el más allá, mientras que para otros significaba la culminación de un ciclo de vida y la reincorporación a la tierra.

Gracias a esta diversidad de opiniones en mi entorno familiar, he aprendido a mantener una mente abierta y a no juzgar las creencias de los demás. He tenido la oportunidad de explorar diferentes corrientes filosóficas que abordan la muerte de manera distinta, lo que ha enriquecido mi comprensión sobre este tema tan universal y trascendental.

En definitiva, haber crecido en una familia con una gran diversidad de religiones me ha enseñado a ser tolerante, respetuoso y a entender la muerte como parte natural de la vida, y no como un tema tabú o temido. Estoy agradecido por haber tenido la oportunidad de aprender y crecer en un ambiente tan diverso y enriquecedor.

Catolicismo

En el contexto católico, la muerte se interpreta como el momento en el que el alma se separa del cuerpo y se presenta ante Dios para ser juzgada. Según la doctrina católica, las almas pueden ser destinadas al cielo, al purgatorio o al infierno, dependiendo de sus acciones en vida. Además, se ve la muerte como una oportunidad de unirse a Dios y a los seres queridos fallecidos anteriormente. En la tradición católica, la muerte se considera como parte del plan divino y se espera que los creyentes la acepten con fé y confianza en la voluntad de Dios.

Un fragmento que aborda este tema es el siguiente, escrito por Joseph Ratzinger, también conocido como el Papa emérito Benedicto XVI, en su libro "Introducción al cristianismo":

"La palabra de la fé cristiana en la resurrección de los muertos es, por tanto, una palabra de liberación, una palabra de esperanza que nos dice que la muerte no es el final, que la vida no está limitada a este mundo, que hay un más allá en el que encontraremos la plenitud de la vida. Por tanto, la muerte no es un abismo sin retorno, sino el paso a una vida nueva, a una vida plena en la presencia de Dios. Esta esperanza nos da fuerza para afrontar la muerte con serenidad y confianza, sabiendo que al final de nuestro camino terrenal nos espera la vida eterna junto a Dios y los seres queridos que ya han partido".

Hinduísmo

En la cosmovisión hindú, la muerte se entiende como parte de un ciclo de reencarnación en el que el alma experimenta múltiples vidas en su búsqueda de la liberación del ciclo de nacimiento y muerte, conocida como moksha. Para los seguidores de esta religión, la muerte representa una transición hacia otra vida y un paso crucial en el camino hacia la evolución espiritual. Además, en la perspectiva hindú, la muerte no significa el fin del ser, sino simplemente un cambio en su forma de existencia.

En el libro "El Bhagavad Gita", una importante escritura hindú, se aborda el tema de la muerte y la vida después de la muerte. En el, el dios Krishna aconseja al príncipe Arjuna sobre la importancia de enfrentar la muerte con valentía y sabiduría, ya que la muerte es solo una transición hacia una nueva vida.

Islam

En la religión islámica, se cree que la muerte no es el fin, sino una transición del alma de este mundo al más allá. Es un momento en el que la persona será juzgada por sus acciones en vida y se enfrentará a la recompensa o el castigo según sus actos. Se considera un momento de encuentro con Alá y con aquellos que han sido fieles a la fe, así como una oportunidad para purificar los pecados y alcanzar la salvación en la vida eterna.

"¡Oh alma en paz! Regresa a tu señor complacida y complaciente. Entra, pues, en mi siervo y entra a mi jardín" (Corán, 89:27-30).

Budista

En la religión budista, se considera que la muerte es un proceso inevitable y natural en la vida de todos los seres vivos. Se cree que marca el fin de la existencia en su forma actual, pero que la conciencia y la energía vital continúan en un ciclo de renacimiento, conocido como samsara.

Para los budistas, la muerte se ve como una oportunidad para liberarse del sufrimiento y alcanzar la iluminación, o nirvana. Es por eso que es importante prepararse para la muerte a través de la meditación y la práctica espiritual, de modo que el alma pueda avanzar hacia un renacimiento más favorable.

En definitiva, para los budistas, la muerte es vista como parte natural del ciclo de la vida y una oportunidad para alcanzar una mayor realización espiritual.

"El Libro Tibetano de la Vida y de la Muerte" por Sogyal Rinpoché:

"Para los budistas, la muerte no es el fin, sino el comienzo de un nuevo ciclo de existencia. La muerte es simplemente un proceso de cambio de forma, donde la conciencia abandona el cuerpo físico para continuar su viaje en otra forma de existencia. Según las enseñanzas budistas, este proceso de transición puede ser influenciado por nuestras acciones y pensamientos a lo largo de nuestra vida. Es por eso que se enfatiza la importancia de la preparación para la muerte, cultivando virtudes y practicando la compasión y la sabiduría."

Este fragmento ofrece una visión general de la perspectiva budista sobre la muerte. Es escrito por Sogyal Rinpoché, un maestro tibetano reconocido internacionalmente por sus enseñanzas sobre el budismo y la muerte.

CAPÍTULO

DESCIFRANDO
EL ENIGMA

Es interesante cómo la forma en la que vemos la muerte está condicionada por tantos factores diferentes en nuestra vida. Desde la educación que recibimos en casa, hasta nuestras experiencias, familia, religión y entorno social, todo influye en nuestra percepción y creencias sobre la muerte.

Para poder comprender mejor por qué creemos lo que creemos sobre la muerte, es importante considerar algunos puntos clave. En primer lugar, la educación juega un papel fundamental, ya que aprender más sobre el proceso de la muerte puede ayudarnos a entenderla de una manera más racional.

La exploración filosófica también es importante, ya que reflexionar sobre el significado de la muerte puede ayudarnos a darle sentido a este fenómeno inevitable en la vida humana.

Además, es crucial mantener conversaciones abiertas y honestas sobre la muerte, sin tabúes ni miedos, para poder enfrentarla de una manera más tranquila y serena.

La exploración espiritual también puede ser útil, ya que dependiendo de nuestras creencias espirituales, la muerte puede tener un significado diferente para cada uno de nosotros.

Por último, vivir plenamente y conectarnos con nuestros seres queridos puede ayudarnos a afrontar la muerte de una manera más positiva y significativa. Vivir al máximo, disfrutar cada momento y mantener lazos fuertes con quienes más amamos son aspectos clave para enfrentar la muerte de una forma más serena y en paz.

Forma parte de la vida, podemos aprender a vivir de una manera más auténtica y plena, sabiendo que cada momento es valioso y que nuestros seres queridos nos acompañan en el viaje final. La muerte no tiene por qué ser un enigma la muerte es algo inevitable en la vida, y es importante entender que es parte natural del ciclo de la existencia. Aprender a aceptarla y afrontarla de manera positiva puede ayudarnos a vivir de una manera más plena y significativa.

Al decodificar los enigmas que rodean a la muerte y reflexionar sobre nuestras creencias y percepciones, podemos encontrar paz y tranquilidad en medio de la incertidumbre. Es importante cuestionarnos y explorar nuestras ideas preconcebidas sobre la muerte, para poder abrazarla con serenidad y aceptación.

En última instancia, al entender que la muerte es una oportunidad para reflexionar sobre el significado de nuestra existencia y el legado que dejamos atrás.

Te recomiendo hacer el siguiente ejercicio para reflexionar sobre si has vivido una vida plena y estás en paz con su mortalidad; es la meditación sobre la muerte.

Para realizar esta meditación, buscar un lugar tranquilo y relajado donde puedas sentarte en una posición cómoda. Luego, podrías cerrar los ojos y comenzar a concentrarse en tu respiración, trayendo tu atención al momento presente.

Una vez que te sienta calmado y centrado, podrías reflexionar sobre el hecho de que la muerte es inevitable y que en algún momento, todos moriremos. Puede ser útil hacerse preguntas como: ¿Estoy viviendo mi vida de manera significativa y auténtica? ¿Estoy aprovechando al máximo cada día? ¿Estoy en paz con el hecho de que mi vida tiene un fin inevitable?

Al hacer estas reflexiones, puedes descubrir aspectos de tu vida que necesitas cambiar o mejorar para vivir de manera más plena y en paz con tu mortalidad. Esta meditación puede ser un ejercicio poderoso para conectar con nuestros valores más profundos y reevaluar nuestras prioridades en la vida.

CAPÍTULO VI

EL ARTE DE AFRONTAR LA MUERTE

A lo largo de mi vida, he experimentado diferentes tipos de pérdidas, cada una de ellas única como una huella dactilar. He podido comprender que hay muchos factores a considerar en el proceso de duelo, como la edad, la madurez, el momento y las circunstancias que rodean la pérdida. La cercanía con la persona fallecida también juega un papel fundamental en la forma en que nos afecta la muerte.

Cada duelo ha sido una experiencia única, marcada por una combinación única de emociones y pensamientos. A veces me he sentido abrumado por la tristeza, en otras ocasiones he sentido una extraña sensación de alivio. Sin embargo, en cada ocasión he aprendido algo nuevo sobre mí mismo y sobre cómo afrontar la pérdida de un ser querido.

El proceso de duelo es complicado y no sigue un patrón definido. Cada persona lo vive a su manera, y cada pérdida deja una marca indeleble en nuestra vida. A través de mis propias experiencias de duelo, he aprendido a aceptar la muerte como parte inevitable de la existencia humana y a valorar cada momento que compartimos con nuestros seres queridos.

En este libro, comparto mis reflexiones sobre la muerte y el duelo, en un intento de comprender mejor este proceso universal y encontrar consuelo en la experiencia compartida. A través de mis palabras, espero ofrecer una luz de esperanza a aquellos que atraviesan un momento de pérdida y duelo, recordándoles que no están solos en su dolor.

En el modelo de las etapas del duelo de Kübler-Ross, meticulosamente articulado en su influyente obra "Sobre la muerte y los moribundos" (19G9), es una sinfonía emocional que refleja la complejidad del proceso de confrontar la pérdida y la mortalidad. Elizabeth Kübler-Ross, la renombrada psiquiatra suizo-estadounidense, trazó un mapa de cinco etapas distintivas que definen el viaje del individuo a través del duelo.

En el libro "Sobre la muerte y los moribundos" de la reconocida Kübler-Ross, pude comprender que atravesamos diferentes fases durante el duelo. Es importante conocer sobre el tema, ya que cada individuo experimenta el duelo de manera única. La autora habla de las distintas etapas del duelo, como la negación, la ira, la negociación, la depresión y la aceptación.

Personalmente, considero que estas fases son reales y que es probable que las experimentemos en determinado momento. Sin embargo, no estoy de acuerdo con la idea de que estas etapas se den de manera lineal. Creo que cada persona puede vivir el duelo de forma distinta y en un orden diferente, ya que cada individuo procesa sus emociones de manera única.

En resumen, el libro de Kübler-Ross nos brinda información valiosa sobre el duelo y nos ayuda a comprender mejor las distintas etapas por las que podemos atravesar. Aunque no todos pasemos por las mismas fases ni en el mismo orden, es importante estar informados y preparados para afrontar este proceso de la mejor manera posible.

La fase de negación es un proceso natural que todos atraviesan cuando experimentan una pérdida significativa en sus vidas. En mi caso, viví esta etapa con mi abuelo paterno, al no poder aceptar su partida y sentirme lejos de él sin haber podido despedirme.

Durante mucho tiempo, me aferré a la idea de que mi abuelo seguía viviendo en Venezuela, negando su ausencia y rechazando la realidad de su pérdida. Sentía una profunda tristeza al no poder aceptar que ya no estaba físicamente presente en mi vida y me costaba asimilar que nunca más lo podría volver a ver.

La negación era mi forma de protegerme del dolor y la tristeza que sentía al enfrentar la realidad de su muerte. Sin embargo, con el tiempo, fui comprendiendo que negar su ausencia solo prolongaba mi proceso de duelo y me impidió avanzar en el proceso de aceptación.

Poco a poco, fui aceptando la realidad de su partida y aprendí a honrar su memoria recordando los momentos felices que compartimos juntos. Aunque su ausencia sigue siendo dolorosa, me di cuenta de que la negación solo me alejaba de la posibilidad de sanar y seguir adelante.

Acepté que mi abuelo ya no está físicamente presente, pero su amor y su recuerdo siguen vivos en mi corazón. Aprendí que la negación es solo una etapa más en el proceso de duelo y que es importante permitirse sentir todas las emociones que surgen para poder sanar y encontrar la paz interior.

La fase de ira en la tormenta emocional que experimenté tras la pérdida de mi gata Anubis fue abrumadora. No podía comprender la injusticia de su muerte por envenenamiento. Anubis era un animal sano, y su repentina y trágica pérdida desencadenó en mí un torrente de emociones encontradas: furia, dolor y confusión.

Nunca imaginé que alguien pudiera causarle daño deliberadamente, y la impotencia de no poder hacer nada para salvarla alimentaba mi rabia. La ira, en ese momento, se convirtió en un salvaje huracán dentro de mí, desbordando cualquier pensamiento coherente y dejando un rastro de devastación en mi corazón. La pérdida de Anubis me sumió en un profundo abismo de desesperación y enojo, y aunque ahora sé que la ira no puede traerla de vuelta, es parte de mi proceso de duelo hacia la aceptación de su partida.

La fase de negociación consiste en buscar una solución que sea aceptable para ambas partes, evitando confrontaciones directas que puedan causar pérdidas. En mi experiencia personal, viví esta etapa al llegar a la casa de mi abuelo materno y descubrir que había fallecido. En ese momento, comencé a reflexionar sobre qué hubiera pasado si hubiera llegado antes. Sin embargo, al analizar mis pensamientos, me di cuenta de que en ocasiones anteriores había estado presente para ayudarlo, pero en esta ocasión no fue así y tuve que aceptar su partida.

Negociar con la realidad de lo que pudo haber sido y no fue resulta extremadamente difícil, ya que implica lidiar con emociones y pensamientos contradictorios. En este proceso, es importante encontrar una solución que permita aceptar lo sucedido y seguir adelante, buscando el equilibrio entre el dolor y la aceptación. Esta etapa de negociación es fundamental para poder superar la pérdida y continuar con el proceso de duelo.

En la fase de depresión, se manifiesta de manera inevitable, con sentimientos profundos de tristeza y desolación ante la realidad de la muerte, esta fue la primera fase que experimente con la pérdida de mi Abuela Carmen me encontré experimentando una profunda tristeza y desolación ante la realidad de la muerte. Sus recuerdos y la nostalgia por su presencia me sumían en un profundo dolor y desesperanza. Sentía que una parte de mí había desaparecido, y la sensación de vacío y soledad era abrumadora.

A pesar de que sabía que la muerte es una parte natural de la vida, no podía evitar sentirme desolado ante su ausencia. Me costaba aceptar su partida y encontrar consuelo en el hecho de que ahora estaba en un lugar mejor.

En esta fase de depresión ahora de adulto me di cuenta de la importancia de procesar mis emociones y permitirme sentir el dolor y la tristeza que la pérdida de mi abuela había causado.

En este capítulo, me detengo a reflexionar sobre las diversas experiencias de duelo que he vivido a lo largo de mi vida. Cada una de estas pérdidas ha sido única y ha provocado en mí reacciones diferentes en cada caso. Es importante entender que las fases del duelo, si bien están identificadas, no se viven de manera lineal. En este laberinto de pérdidas comparto mis propias historias para ilustrar cómo estas etapas pueden manifestarse de forma no secuencial. A través de mis relatos, busco mostrar que el proceso de duelo es único para cada individuo y que las fases pueden surgir de manera impredecible. Te invito a honrar la conexión especial que tenías con aquellos que ya no están y a encontrar la calma a través de la aceptación. Es importante recordar que el amor nunca muere, y que perdura en nuestros recuerdos.

Aceptar lo que sucede y encontrar serenidad en medio del dolor nos permite avanzar hacia la luz, incluso en los momentos más oscuros. En este camino de sanación, podemos restaurar nuestro equilibrio emocional poco a poco, sabiendo que el amor siempre estará presente en nuestras memorias. El duelo es parte de la vida, pero también es una oportunidad para crecer y encontrar el camino hacia la paz interior.

CAPÍTULO VII
SIETE

En mi familia y en mi caso hemos tenido encuentros cercanos con la muerte, experiencias que han marcado nuestras vidas de una manera profunda y significativa. Aunque pueda resultar difícil de creer, estas vivencias han dejado una huella imborrable en nosotros y nos han hecho reflexionar sobre la vida y la muerte de una manera distinta.

Recuerdo claramente la primera vez que experimenté una ECM[1] en mi familia. Fue un momento de gran angustia y temor, pero también de esperanza y conexión espiritual. La sensación de paz y serenidad que nos invadió a todos en ese momento fue inexplicable, pero al mismo tiempo reconfortante.

A lo largo de los años, hemos tenido otras experiencias cercanas a la muerte en nuestra familia que han reforzado nuestra fé y nuestra creencia en algo más allá de esta vida terrenal. Nos han enseñado a valorar cada momento que tenemos con nuestros seres queridos y a no dar por sentada la vida que se nos ha dado.

En mi experiencia, he sufrido convulsiones clónicas que provocan movimientos musculares repetidos. Recuerdo pasar por muchos médicos y realizar montones de exámenes, pero lo que menos puedo olvidar es el electroencefalograma. La pasta que usaban se pegaba en mi cabe-

---
[1] Experiencia cercanas a la muerte

llo y era difícil de retirar. La última convulsión que tuve fue la más fuerte. Estuve aproximadamente 3 minutos sin responder, y solo recuerdo separarme repentinamente de mi cuerpo. La angustia desaparecía, todo a mi alrededor desaparecía y comencé a sentir una paz indescriptible, sin preocupaciones ni miedos. Sentí que estaba liberado.

El tiempo se detuvo mientras flotaba en esa sensación de paz por un buen rato, hasta que regresé de golpe, sintiendo una electricidad muy intensa, como si me estuviera conectando a una toma de corriente. Fue como sentir la energía del alma entrando de golpe en mi cuerpo. Si alguna vez tuve dudas sobre si éramos energía, esas dudas desaparecieron por completo en ese momento. Desde entonces, considero que todo el tiempo que tengo es un regalo.

En el 2023 sali con mi esposa de emergencia ya que se complicó una hernia que tenía en su columna vertebral para ser exacto el disco de la L5 y aplastó la médula espinal produciendo una neuralgia con dolores extremadamente fuerte. En medio de la oscuridad y el dolor, mi esposa se encontraba en un estado de desesperación y temor. La incertidumbre sobre su futuro la envolvía, haciéndola sentir como si ya no pudiera soportar más. Sin embargo, en medio de esa tormenta emocional, yo estaba a su lado, brindándole mi apoyo incondicional y recordándole que todo pasaría.

En este momento tan difícil para mi esposa, después de haber pasado por todo lo que ha pasado, ella me relata lo siguiente: En esos momentos de incertidumbre, donde el dolor es intenso y parece no cesar, donde sientes que ya no puedes más, te das cuenta de que tienes a alguien valioso a tu lado, apoyándote y diciéndote que todo pasará.

A pesar del dolor y el miedo que se sienten, te das cuenta de que el mayor temor al partir no es el hecho de irte, sino el saber que esa persona sufrirá mucho y que no le has dado las herramientas para superar lo que la gente llama duelo.

Cuando la morfina y la anestesia te traen paz y calma, y ya no piensas en el dolor ni en nada, todo se vuelve oscuro. En ese momento, recuerdas a esa persona que te acompaña y sigues luchando porque te das cuenta de que ya no estás sufriendo, pero la persona que te acompaña sí lo está. Es entonces cuando, como por arte de magia, una dosis de adrenalina entra en tu cuerpo y sientes el deseo de volver a vivir cada día y cada momento.

CAPÍTULO 8

VIII OCHO

La vida, a menudo, nos envuelve en una vorágine de actividades diarias que nos llevan a sentirnos como muertos en vida. Nos acostumbramos a vivir en piloto automático, olvidando la pasión y el propósito que deberían guiar nuestras acciones. Nos sumergimos en una rutina monótona, sin detenernos a pensar si lo que hacemos realmente nos llena o nos conecta con nuestra verdadera esencia.

Es en ese estado de letargo corremos el riesgo de desconectarnos de quienes nos rodean, sin ser conscientes de la importancia de las relaciones amorosas y el apoyo incondicional de nuestros seres queridos. La muerte, entonces, se manifiesta de una forma sutil en nuestra falta de vitalidad y conciencia.

Es necesario detenernos a reflexionar sobre cómo hemos llegado a este punto y cómo podemos escapar de esta espiral de inercia. Debemos reinventarnos, redescubrir nuestras pasiones y reconectar con lo que realmente nos hace sentir vivos. Es fundamental cuestionar nuestras decisiones y acciones, asegurándonos de que cada paso que damos nos acerque a nuestra verdadera esencia y propósito en la vida.

No permitas que la rutina y la falta de conexión te conviertan en un ser muerto en vida. Rompe con la inercia, reinventa tu camino y descubre la pasión que te dará verdadera vitalidad. La muerte, en su forma más cotidiana, nos invita a despertar y a vivir plenamente cada instante.

¡Reconecta con tu esencia y regresa a la vida!

El ejercicio físico es otra herramienta poderosa que puede mejorar tu vida en muchos aspectos. Diversas investigaciones han demostrado que el ejercicio regular no solo mejora la salud física, sino que también puede tener un impacto positivo en la salud mental. El ejercicio libera endorfinas, hormonas que ayudan a reducir el estrés y mejorar el estado de ánimo. También puede mejorar la calidad del sueño, la autoestima y la confianza en uno mismo.

No necesitas inscribirte en un gimnasio o comprar equipos costosos para hacer ejercicio. Puedes comenzar con actividades simples como caminar, correr, nadar o hacer yoga en casa. Lo importante es encontrar una actividad que te guste y que puedas hacer de forma constante.

La respiración consciente es una técnica sencilla pero efectiva para reducir el estrés y mejorar la concentración (estudio). Varios estudios han demostrado que la respiración consciente puede ayudar a disminuir la ansiedad, mejorar la claridad mental y aumentar la sensación de calma y bienestar.

La meditación es una práctica que puede transformar tu vida, según un estudio realizado por el Dr. Herbert Benson en la Universidad de Harvard en 2018. Este estudio encontró que la meditación regular puede reducir el estrés, mejorar la concentración y aumentar la sensación de bienestar general. Además, se ha demostrado que la meditación puede reducir la presión arterial y fortalecer el sistema inmunológico, lo que contribuye a una mejor salud física y mental a largo plazo.

Muchas personas piensan que la meditación solo es para expertos en posturas perfectas y en total calma, pero en realidad, solo se necesita voluntad y un poco de tiempo para empezar a practicarla. No necesitas ser un monje para experimentar los beneficios de la meditación en tu vida diaria.

Si estás interesado en comenzar a meditar, te comparto el siguiente link, donde podrás acceder a una técnica básica de meditación. ¡No dudes en probarla y empezar a transformar tu vida!

https://open.spotify.com/episode/4wC9xuGgmriYacjMy7WkJN?si=ugAz81rhRlCn34VilaVqqQ

Es importante para poder comprender y gestionar nuestras emociones de manera efectiva.

Entender nuestras emociones nos permite tener un mayor control sobre nuestras reacciones y comportamientos, así como mejorar nuestras relaciones interpersonales.

Además, al entender nuestras emociones podemos identificar aquellos factores o situaciones que nos generan malestar o nos hacen sentir felicidad, lo que nos permite tomar decisiones más conscientes y alineadas con nuestros valores y necesidades emocionales.

En definitiva, conocer y entender nuestras emociones es un paso fundamental para poder vivir de manera más plena y satisfactoria, ya que nos permite conectar con nosotros mismos de una forma más profunda y auténtica, para entender por qué hacemos lo que hacemos en este ejercicio te invito a exteriorizar lo que sientes a través de la escritura.

Aquí te explico cómo hacerlo:

Elige una emoción que desees explorar, cómo la alegría, la tristeza, el miedo o la ira.

Escribe una carta dirigida a esa emoción como si fuera una persona real.

Explora por qué sientes esa emoción, cómo te afecta y qué deseas expresarle. Luego, escribe una respuesta desde la perspectiva de la emoción, imaginando lo que esa emoción podría decirte en retorno.

Lee ambas cartas y reflexiona sobre lo que has escrito y cómo te sientes al respecto.

Este ejercicio te ayudará a profundizar en tus emociones, comprenderlas mejor y establecer una conexión más íntima contigo mismo.

CAPÍTULO 9

IX
NUEVE

DISEÑANDO MI MUERTE

Diseñar nuestra muerte no es algo fácil de hacer, pero es importante tomar el control de nuestro final y asegurarnos de que nuestros deseos sean respetados. Es fundamental comunicar nuestros deseos a nuestros seres queridos y dejar claro cómo queremos que sea nuestro último adiós.

Para ello, es necesario planificar y tomar decisiones sobre cómo queremos que sea nuestra despedida. Es importante crear un testamento donde dejemos instrucciones claras sobre la distribución de nuestros bienes y cómo queremos que se realice nuestro funeral. También es crucial establecer directivas anticipadas en caso de que nos encontremos en una situación de salud terminal, para indicar qué tratamiento médico deseamos recibir y en qué condiciones.

Además, es importante organizar nuestros asuntos personales y legales para facilitar el proceso para nuestros seres queridos. Dejar todo en orden y tener documentación al día ayudará a que el proceso sea más sencillo para quienes se queden a cargo.

Dejar una carta o un video a nuestros seres queridos puede ser una forma de brindarles consuelo y paz mental. En ella podemos expresar nuestros sentimientos, decirles lo mucho que los queremos y dejarles mensajes de apoyo para cuando nos hayamos ido.

Enfrentar nuestra muerte con serenidad y preparación nos permitirá vivir con tranquilidad y darnos la oportunidad de despedirnos de manera digna. Diseñar nuestra muerte no es algo fácil, pero es una forma de tomar control de nuestro destino y garantizar que nuestros deseos sean respetados.

Ejercicio practico

Para este capítulo te invito hacer una carta:

Esta será despedida dirigida a tus seres queridos, expresando tus sentimientos, pensamientos y deseos para el momento final y más allá.

Es importante tomarse el tiempo para redactar una carta que exprese amor, gratitud, perdón y reconciliación hacia aquellos que son importantes para ti. Recuerda que estas palabras pueden significar mucho para tus seres queridos y les brindarán consuelo en momentos difíciles.

No temas ser honesto y vulnerable en tu carta, ya que es una oportunidad única para expresar tus verdaderos sentimientos y deseos. La comunicación abierta y honesta puede fortalecer los lazos familiares y dejar un legado de amor y gratitud que perdurará en el tiempo.

Recuerda que todos tenemos un tiempo limitado en esta vida, por lo que es importante aprovechar cada momento para compartir nuestro amor y aprecio hacia los demás. No dejes pasar la oportunidad de redactar una carta que refleje tus sentimientos más profundos y que pueda brindar consuelo a tus seres queridos en momentos de dolor y pérdida.

Al abrazar la certeza de que la muerte llegará inevitablemente, nos damos la oportunidad de reflexionar sobre cómo queremos que sea nuestro final. Al planificar conscientemente nuestra partida, estamos reconociendo que la muerte es parte esencial de la experiencia humana.

Al tomar las riendas y diseñar nuestro adiós, estamos demostrando nuestro poder para moldear nuestra propia historia, dejando un legado de amor, dignidad y sabiduría para quienes permanecen. En este acto de planificación final, encontramos consuelo, preparación y una celebración de la vida, así como una afirmación de nuestra humanidad compartida en el misterio de la existencia.

En nuestro proceso de planificación final, es fundamental considerar no solo nuestro propio bienestar, sino también el de nuestros seres queridos. Al dejar indicaciones claras y detalladas, les brindamos tranquilidad y les permitimos concentrarse en despedirse y honrar nuestro legado en momentos de duelo.

Además, al aceptar la realidad de la muerte, nos recordamos la importancia de vivir plenamente cada día. Nos motiva a valorar cada instante, a amar con intensidad, a perdonar con facilidad y a buscar significado en cada experiencia vivida. Esta conciencia de nuestra propia mortalidad nos hace reflexionar sobre nuestros valores, relaciones y metas, reevaluando lo que realmente importa en nuestras vidas.

En conclusión, al reflexionar sobre nuestra propia muerte y planificar de forma consciente nuestro final, encontramos claridad, conexión con nuestros seres queridos y una apreciación profunda por la belleza y fragilidad de la vida. La muerte nos recuerda la importancia de vivir auténtica y significativamente, dejando un legado de amor y sabiduría que trascienda nuestra partida.

Con el corazón latiendo al ritmo de mis emociones más profundas y al lado de mi esposa, he dado forma a este libro deteniéndome en los momentos más difíciles para secar mis lágrimas y encontrar la fuerza para seguir adelante. A través de la contemplación de la muerte y la comprensión de su inevitabilidad, he aprendido a vivir cada día como si fuera el último.

Porque para conocer la verdadera felicidad, es necesario experimentar la tristeza; para saborear los momentos más dulces de la vida, debemos haber probado también los más amargos. No puede existir luz sin oscuridad y así, la muerte me ha otorgado la oportunidad de vivir plenamente.

Cada pérdida en mi vida no ha sido un vacío, sino una oportunidad para compartir momentos preciosos con seres queridos que han dejado una huella imborrable en mi corazón. He dedicado mi vida a ayudar a otros, ofreciendo las herramientas y el apoyo que a mí me hubiera gustado tener en momentos difíciles. Uno de los temas más difíciles de enfrentar ha sido la muerte, y en estas palabras comparto mi vulnerabilidad más profunda para expresar que ahora estoy en paz. Acepto que la muerte es parte inevitable del ciclo de la vida, tanto para ti que estás leyendo estas líneas como para mí. Sabemos que llegará un momento en que debamos partir, pero mientras tanto, celebramos la oportunidad de vivir y amar intensamente cada día que se nos regala.

CAPÍTULO 10

EL SIGNIFICADO DE LA MUERTE EN EL TAROT

Me di cuenta de lo valioso que sería incluir el tarot como una herramienta en mi libro sobre la muerte. He pasado toda mi vida rodeado de la energía y sabiduría de mi madre en su consulta de tarot, y sabía que su perspectiva podría ofrecer una visión única y esclarecedora sobre este tema tan tabú.

Decidí pedirle a mi madre que me ayudara a interpretar la carta de la muerte en el tarot y a desmitificar su significado. Juntos, nos sentamos sobre la carta y exploramos el simbolismo y los mensajes ocultos detrás de esta carta.

Mi madre compartió conmigo su conocimiento y experiencia, explicándome que la muerte en el tarot no siempre significa un final literal, sino más bien un ciclo de transformación y renacimiento. A través de la muerte, se produce un cambio profundo y necesario que nos permite crecer y evolucionar en nuestro camino espiritual.

La carta de la muerte en el tarot, representada por el número 13, es a menudo malinterpretada como un presagio de malas noticias o incluso de muerte física. Sin embargo, los maestros del tarot nos enseñan que esta carta en realidad simboliza transformación y cambio.

Cuando los clientes de mi madre acuden a ella para una lectura de tarot y se encuentran con la carta de la muerte, el miedo y la ansiedad suelen apoderarse de ellos. La primera pregunta que surge es si algo malo ocurrirá en sus vidas, si su propia muerte está cerca. Pero mi madre les explica que la muerte en el tarot no tiene que ver con la muerte física, sino con el fin de una etapa y el comienzo de otra.

Esta carta nos invita a aceptar los cambios que estamos experimentando en nuestras vidas y abrirnos a nuevas oportunidades y experiencias. La muerte simboliza la transición hacia algo nuevo, hacia un renacimiento y transformación interna. Es un llamado a dejar atrás lo viejo para dar paso a lo nuevo, a evolucionar y crecer como individuos.

En resumen, la carta de la muerte en el tarot no debe ser vista como algo negativo o aterrador, sino como una oportunidad para crecer y expandirnos. Es un recordatorio de que la muerte es parte natural de la vida y que los cambios siempre traen consigo nuevas oportunidades y enseñanzas. Así que no tema a la muerte en el tarot, abrace su mensaje de transformación y crecimiento.

Gracias a la sabiduría y guía de mi madre, pude incorporar estas enseñanzas en mi libro sobre la muerte, ofreciendo a los lectores una perspectiva más amplia y enriquecedora sobre este tema tan universal y trascendental. Juntos, madre e hijo, pudimos desafiar los miedos y prejuicios en torno a la muerte, y abrirnos a su mensaje de transformación y renacimiento.

En conclusión la carta de la Muerte nos recuerda que debemos aprender a soltar y dejar ir aquello que ya no nos sirve, aquello que nos pesa o nos limita. Solo al liberarnos de lo viejo y lo caduco podemos permitirnos crecer y evolucionar. Es necesario tener el coraje de enfrentar nuestros miedos y nuestras resistencias para poder abrazar las oportunidades y los cambios que se nos presentan.

La Muerte en el Tarot nos invita a vivir con plenitud y a ser conscientes de la fugacidad de la vida. Nos recuerda que cada final es también un nuevo comienzo, que cada perdida puede abrir la puerta a nuevas posibilidades y experiencias. Aceptar el flujo constante de la vida y confiar en el proceso de transformación, que es la clave para encontrar la paz y la serenidad en medio de la incertidumbre y la impermanencia.

CAPÍTULO XI
ONCE

MUERTE DE UNA RELACIÓN

La muerte en una relación no se limita solo a la partida física de alguien, sino que también se refiere a la pérdida emocional que experimentamos cuando una relación llega a su fin. En una relación, solemos construir sueños, metas e ilusiones en torno a la persona amada. Sin embargo, cuando esa relación termina, todos esos anhelos mueren junto con ella, dejándonos un profundo vacío en el corazón y una intensa tristeza.

El proceso de duelo por el fin de una relación puede ser similar al duelo por la muerte de un ser querido, con etapas que debemos atravesar para poder sanar.

En la etapa de negación nos negamos a cuesta aceptar que la relación ha llegado a su fin y tratamos de minimizar los aspectos negativos para justificar seguir adelante.

En la etapa de ira.

Surgen todos los resentimientos por lo que se hizo y lo que se dejó de hacer en la relación. Es importante permitirse sentir estas emociones para poder liberarlas y avanzar en el proceso de duelo.

Etapa de negociación.

Comenzamos a comprender la realidad y a intentar seguir adelante a pesar del dolor que nos causa. Nos damos cuenta de que la imagen idealizada que teníamos de la relación era más grande que la realidad misma.

La etapa de depresión.

Nos invita a reflexionar sobre lo que pudo haber sido y no fue, y nos lleva a experimentar momentos de desesperanza. Es fundamental permitirnos sentir estas emociones y buscar apoyo para procesarlas de manera saludable.

Etapa de aceptación.

Llegamos a aceptar la realidad y comprendemos que esta relación formó parte de nuestro pasado. Aprendemos de los errores cometidos durante la relación para crecer y no repetirlos en futuras relaciones. Seguimos adelante con una mayor fortaleza y conciencia sobre nosotros mismos, listos para seguir construyendo nuestro propio camino.

Experimentar una ruptura puede ser un proceso doloroso y complicado, pero es importante recordar que es parte de la vida y que con el tiempo, se puede superar. Aprovecha este momento para reflexionar sobre lo que salió mal en la relación y aprender de ello. Es fundamental cuidar de ti mismo durante este proceso, rodearte de amigos y familiares que te apoyen, y buscar ayuda profesional si sientes que lo necesitas.

Recuerda que el final de una relación no define tu valía como persona, sino que es una oportunidad para crecer y convertirte en una versión más fuerte y sabia de ti mismo. Enfrenta el duelo de la separación con valentía y paciencia, y confía en que mejores momentos vendrán en el futuro.

¡Ánimo!

Quiero recordarte que aunque al principio pueda parecer imposible, con el tiempo podrás superar esta situación y sanar tu corazón. No te fuerces a seguir adelante rápidamente, date tiempo para recuperarte y volver a tu ser. Aprovecha este momento para cuidarte a ti mismo, para hacer actividades que disfrutes y que te hagan sentir bien. Recuerda que el amor propio es fundamental en estos momentos difíciles. Confía en que en el futuro encontrarás a alguien que te valore y te ame tal como eres. La vida sigue, y aunque ahora todo parezca oscuro, siempre habrá una luz al final del túnel.

CAPÍTULO 12

XII DOCE

LA VIDA TRAS UNA PERDIDA

La muerte de un ser querido tiene un impacto profundo y multifacético en nuestras vidas, tocando todos los aspectos de nuestra existencia: nuestros proyectos, trabajo, familia, salud, pareja y amistades. Este impacto puede variar en intensidad y duración según factores como la relación con el fallecido, las circunstancias de la muerte y el sistema de apoyo del doliente. A continuación, exploramos cada área en profundidad.

En los proyectos y metas personales.

La muerte de un ser querido puede generar una pausa significativa en nuestros proyectos personales.

Pérdida de motivación: Muchas personas se sienten desorientadas tras la pérdida, cuestionando el propósito de sus metas. Esto es especialmente común si el fallecido era una fuente de inspiración o apoyo en esos proyectos.

Replanteamiento de prioridades: La experiencia de la muerte nos confronta con la fragilidad de la vida, lo que puede llevarnos a cambiar nuestros objetivos. Algunos abandonan proyectos que ya no sienten relevantes, mientras otros adoptan nuevos objetivos más alineados con un sentido renovado de urgencia o trascendencia.

Dificultad para concentrarse: El dolor del duelo consume mucha energía emocional y mental, dificultando la claridad y la concentración necesarias para avanzar en proyectos.

En el trabajo.

El ámbito laboral también se ve afectado de varias formas:

Reducción del desempeño: La tristeza, el cansancio emocional y la falta de motivación pueden traducirse en un desempeño más bajo. Esto puede ser percibido como desinterés o falta de profesionalismo por colegas o superiores.

Ausencias laborales: Algunos empleados necesitan tiempo libre para procesar el duelo, pero regresar demasiado pronto puede llevar a un ciclo de trabajo poco productivo.

Conflictos en el entorno laboral: La tristeza puede hacer que las personas sean más sensibles o irritables, lo que podría generar roces con compañeros de trabajo.

Cambios de perspectiva: La pérdida puede despertar un deseo de cambio, haciendo que alguien cuestione su carrera actual y busque algo más significativo.

En la familia.

La familia es uno de los pilares más afectados por la muerte de un ser querido, ya que todos los miembros están interconectados emocionalmente.

Cambios en la dinámica familiar: La ausencia de un miembro clave puede alterar roles y responsabilidades dentro del sistema familiar. Por ejemplo, si fallece uno de los padres, los hijos mayores pueden asumir nuevas responsabilidades.

Conflictos familiares: El duelo se vive de forma diferente en cada persona. Estas diferencias pueden generar malentendidos o tensiones si algunos familiares parecen no estar "sufriendo lo suficiente" o si hay desacuerdos sobre cómo lidiar con el fallecimiento.

Unión o distancia: En algunos casos, la pérdida une a la familia, ya que los miembros se apoyan mutuamente en el dolor. En otros casos, la tristeza puede provocar aislamiento, alejando a los miembros de la familia.

En la salud física y mental.

El impacto de la muerte de un ser querido en la salud es significativo, dado que el cuerpo y la mente están profundamente conectados.

Estrés físico: El duelo provoca una respuesta de estrés crónica en el cuerpo, afectando el sistema inmunológico, lo que puede aumentar la vulnerabilidad a enfermedades.

Problemas de sueño: El insomnio es común en el duelo, ya que la mente está ocupada procesando la pérdida, lo que afecta la capacidad de descansar adecuadamente.

Depresión y ansiedad: El dolor puede convertirse en un duelo complicado, donde los sentimientos de tristeza profunda y desesperanza persisten durante mucho tiempo, interfiriendo con el funcionamiento diario.

Cambios en los hábitos alimenticios: Algunas personas pierden el apetito, mientras que otras comen en exceso como mecanismo de afrontamiento.

En la relación de pareja.

El impacto en la pareja depende de la forma en que ambos miembros procesan el duelo.

Fortalecimiento de la relación: Si la pareja es capaz de apoyarse mutuamente y compartir su dolor, la pérdida puede profundizar la conexión emocional.

Tensión en la relación: Si uno de los miembros no se siente comprendido en su dolor o si ambos afrontan el duelo de maneras muy diferentes (por ejemplo, uno quiere hablar mientras el otro se aísla), puede surgir una desconexión emocional.

Intimidad afectada: La tristeza y el estrés pueden reducir el deseo sexual y la capacidad de conectar emocionalmente.

En las amistades.

La muerte de un ser querido también puede afectar nuestras relaciones sociales.

Mayor necesidad de apoyo: El doliente puede volverse más dependiente de sus amigos cercanos, buscando consuelo y comprensión.

Aislamiento social: Por otro lado, algunas personas en duelo tienden a alejarse de sus amigos porque sienten que "no los entienden" o porque no quieren ser una carga.

Pérdida de amistades: No todas las amistades son capaces de sostener el peso del duelo. Algunos amigos pueden sentirse incómodos al abordar el tema, lo que puede generar distanciamiento.

Fortalecimiento de vínculos: Las amistades que logran acompañar al doliente en este proceso suelen salir fortalecidas y con un vínculo más profundo.

La muerte de un ser querido no solo es una pérdida emocional, sino un evento transformador que nos obliga a enfrentar nuestra propia vulnerabilidad y a reconfigurar nuestra vida. Aunque el duelo puede ser devastador, también tiene el potencial de enseñarnos sobre la resiliencia, el valor del presente y la importancia de las conexiones humanas.

Reconocer el impacto de la pérdida en todas las áreas de nuestra vida es esencial para poder afrontarla de manera saludable. Buscar apoyo, ya sea en la familia, amigos o terapia, es clave para navegar este proceso y eventualmente encontrar un nuevo equilibrio. Aunque la herida de la pérdida nunca desaparece por completo, puede transformarse en una fuente de aprendizaje y de gratitud por la vida que compartimos con quienes amamos.

Ejercicio capitulo 12

"Reconstruyendo mi vida tras la pérdida".

Objetivo: Este ejercicio busca ayudar a las personas a procesar el duelo de manera saludable, identificar el impacto de la pérdida en diferentes áreas de su vida y reconstruir un sentido de propósito y conexión.

Parte 1: Reconocer la pérdida.

Busca un lugar tranquilo donde puedas estar sin interrupciones. Ten a mano una libreta o diario y algo para escribir.

Cierra los ojos y respira profundamente durante 3 minutos. Siente tu cuerpo y permite que cualquier emoción presente emerja sin juzgarla.

Escribe una carta a tu ser querido fallecido. En esta carta, incluye:

Lo que significó para ti.

Los momentos más valiosos que compartieron juntos.

Lo que quisieras haber dicho o hecho antes de su partida.

Cómo te sientes en este momento sin su presencia.

Guarda esta carta en un lugar especial o léele en voz alta si sientes que puede ayudarte.

Parte 2: Evaluar el impacto en tu vida

Dibuja un círculo en tu libreta y divídelo en seis secciones, como si fuera un gráfico circular. Cada sección representará un área de tu vida afectada por la pérdida:

Proyectos y metas.

Trabajo.

Familia.

Salud.

Pareja.

Amistades.

En cada sección, escribe cómo sientes que esta área se ha visto impactada por la pérdida. Sé honesto y específico. Por ejemplo:

En "Trabajo": "Me cuesta concentrarme en mis tareas."

En "Salud": "He estado comiendo menos y durmiendo mal."

Parte 3: Establecer intenciones para la sanación

Ahora que has identificado las áreas afectadas, escribe una intención o pequeño paso que puedas dar en cada una de ellas para comenzar a sanar. Por ejemplo:

Proyectos y metas: "Retomaré un proyecto pequeño que me motive, dedicando 10 minutos al día."

Salud: "Priorizaré mi descanso, acostándome 30 minutos antes esta semana."

Familia: "Hablaré con un familiar cercano para compartir cómo me siento."

Amistades: "Enviaré un mensaje a un amigo para buscar apoyo o simplemente compañía."

Parte 4: Crear un espacio de conexión y trascendencia

Dedica un espacio en tu hogar para honrar a tu ser querido. Puede ser un rincón con una foto, una vela, un objeto especial o algo que les recuerde.

Cada vez que sientas tristeza o necesites guía, acude a este espacio. Habla con tu ser querido como si estuviera allí o simplemente siéntate en silencio para recordar los momentos que compartieron.

Parte 5: Reconectar con la vida

Haz una lista de actividades o personas que te hagan sentir conectado con la vida. Esto puede incluir paseos al aire libre, leer, escribir, practicar meditación o pasar tiempo con amigos.

Comprométete a incorporar al menos una de estas actividades en tu semana, aunque sea por poco tiempo.

Parte G: Aceptar el proceso de transformación

Reflexiona sobre esta pregunta y escríbela en tu diario:

"¿Qué me ha enseñado esta pérdida sobre la vida y sobre mí mismo?"

Recuerda que el duelo no es lineal. Habrá días mejores y días más difíciles. Permítete sentir todas las emociones sin apresurarte a "superar" el proceso.

Cierre

Este ejercicio puede realizarse en varias sesiones o días, dependiendo de cómo te sientas. El objetivo no es "olvidar", sino integrar la pérdida como parte de tu historia y permitir que la vida siga fluyendo con sentido y conexión. Si en algún momento sientes que el dolor es demasiado abrumador, no dudes en buscar ayuda profesional para acompañarte en este camino.

CAPÍTULO 13

XIII TRECE

LA MUERTE, UN CAMINO DE TRANSFORMACIÓN

La muerte para mí tiene un significado especial, porque ha estado presente en innumerables momentos de mi vida. Su sombra, a veces temida y otras veces reveladora, me ha acompañado como un recordatorio constante de la fragilidad y la belleza de la existencia. Este capítulo lleva su nombre porque está marcado por el número 13, el mismo que corresponde al arcano mayor del Tarot: La Muerte, sin embargo, en este contexto, la muerte no significa solo pérdida. Representa también transformación, cambio, y la valentía de dejar ir para que algo nuevo pueda tomar su lugar.

La carta de La Muerte en el Tarot no es el final, sino un umbral, es el cierre de un ciclo y la apertura de otro, es una invitación a abrazar lo desconocido, a soltar aquello que nos pesa y confiar en que, aunque el proceso sea doloroso, nos conduce a un renacimiento. Esta visión es la que me ha permitido reconciliarme con la muerte, tanto en su sentido literal como simbólico, y descubrir su profundo papel en la evolución personal y espiritual.

La muerte como pérdida

No podemos ignorar que, en su aspecto más humano, la muerte duele, la partida de un ser querido deja vacíos que parecen imposibles de llenar, los recuerdos se convierten en tesoros dolorosos; las palabras que no dijimos y los abrazos que no dimos se sienten como una carga pesada. En esos momentos, la muerte parece ser una puerta cerrada, un punto final que no se puede reescribir.

A lo largo del tiempo he aprendido que la pérdida trae consigo un mensaje, nos recuerda que la vida es efímera, que cada momento con las personas que amamos es invaluable y que nuestras prioridades deben alinearse con aquello que realmente importa. La pérdida nos enseña amar más profundamente, a valorar el ahora y a comprender que las despedidas son inevitables, pero también necesarias.

La muerte, en este sentido, no es solo ausencia, es una maestra que nos guía hacia la introspección, hacia la comprensión de que lo importante no es evitar la pérdida, sino, aprender a caminar con ella, llevándola como parte de nuestra historia y nuestro crecimiento.

La muerte como transformación

En el Tarot, La Muerte representa una oportunidad de transformación profunda, esto no significa que sea fácil o inmediato, más bien, implica un proceso, a veces caótico y deconstrucción. En este sentido, la muerte no es algo que ocurre únicamente al final de nuestras vidas, está presente en cada cambio significativo, en cada cierre de etapa, en cada decisión que implica soltar algo para abrir espacio a lo nuevo.

He vivido muchas muertes simbólicas: relaciones que terminaron, sueños que tuve que abandonar, versiones de mí mismo que ya no podían coexistir con quien estaba destinado a ser. Cada una de esas "muertes" me dejó en un estado de incertidumbre y miedo, pero también me llevó a renacer. Cada pérdida me permitió reinventarme y descubrir nuevas posibilidades.

La transformación que trae la muerte no siempre es evidente de inmediato, a menudo, el proceso de cambio viene acompañado de resistencia, porque soltar lo conocido, incluso si nos duele o nos limita, puede ser aterrador, pero si nos atrevemos a trasponer ese umbral, descubrimos que hay vida al otro lado, una vida más alineada con quienes somos en nuestra esencia.

Dejar ir: el arte de la aceptación

Uno de los mayores regalos que me ha dado la muerte es la lección de aprender a dejar ir. En nuestra cultura, solemos aferrarnos a todo: a las personas, a los objetos, a los recuerdos, e incluso a las ideas de quiénes somos o de cómo debería ser la vida, pero el apego es un peso que nos impide avanzar.

Dejar ir no significa olvidar o abandonar lo que amamos. Significa liberar el control y permitir que las cosas fluyan como deben. La muerte nos enseña que todo en la vida es temporal, que nada permanece igual para siempre, y que el cambio es la única constante. Aprender a aceptar esta verdad nos libera del sufrimiento innecesario y nos ayuda a encontrar paz incluso en medio de la incertidumbre.

La muerte como un portal hacia el renacimiento

En mi vida, he llegado a entender que cada muerte, literal o simbólica, es un portal. Aunque el proceso de atravesarlo pueda ser oscuro y doloroso, al final siempre hay luz. El número 13 no solo es el arcano de la muerte, sino también un número de renacimiento, de creación, de nuevas oportunidades.

La muerte de una etapa da lugar al nacimiento de otra. Así como la semilla debe "morir" para dar lugar al árbol, nosotros también debemos permitir que ciertas partes de nosotros mismos se transformen. A veces, esas partes son viejos hábitos, creencias limitantes o relaciones que ya no nos nutren, otras veces, es nuestra identidad, nuestra forma de ver el mundo.

La muerte nos invita a abrazar el cambio con valentía, a soltar lo que ya no nos sirve y a confiar en que cada final es, en realidad, un comienzo disfrazado.

La muerte como recordatorio de la vida

Finalmente, la muerte nos devuelve a lo esencial: la vida misma. Cada vez que he enfrentado una pérdida, me he encontrado reflexionando sobre cómo estoy viviendo. ¿Estoy amando lo suficiente? ¿Estoy aprovechando cada día? ¿Estoy siguiendo mi propósito?

La muerte no es solo un final; es un recordatorio de que estamos vivos aquí y ahora. Nos invita a ser más conscientes, a vivir con intención y a valorar lo que tenemos mientras lo tenemos. Nos enseña que, aunque no podemos controlar cuánto tiempo estaremos aquí, sí podemos decidir cómo queremos vivir ese tiempo.

El número 13 y su conexión con la muerte me han enseñado que la muerte no es algo que debemos temer, sino algo que debemos aceptar y honrar. Es una parte inevitable de la vida, pero también es un catalizador de cambio, crecimiento y renovación.

A lo largo de los años, he aprendido a ver la muerte no como un final absoluto, sino como un proceso continuo de transformación. En cada pérdida, he encontrado una lección, en cada despedida, he descubierto un nuevo comienzo, y en cada duelo, he aprendido a valorar más profundamente la belleza efímera de la vida.

La muerte no es el enemigo, es la puerta que nos lleva de un capítulo a otro, tanto en esta vida como en las que vendrán, y al final no importa cuántas veces crucemos ese umbral, lo que verdaderamente queda es el amor que vivimos y el legado que dejamos.

IMPORTANTE

Piensa en un momento en las tres personas que más amas deja todo lo que estás haciendo y márcales y dile lo importantes que son para ti.

Ejercicio capitulo 13

Ejercicio: "El Árbol de la Vida y la Muerte"

Objetivo: Este ejercicio utiliza la metáfora del árbol para ayudarte a reflexionar sobre los ciclos de la vida, la muerte y la transformación en tu experiencia personal. Te ayudará a conectar con la idea de que cada pérdida puede nutrir nuevas etapas de crecimiento y vida.

Parte 1: Visualiza tu árbol

Busca un lugar tranquilo donde puedas relajarte. Cierra los ojos y respira profundamente durante unos minutos.

Imagina un árbol grande y fuerte frente a ti.

Observa cómo sus raíces se hunden profundamente en la tierra, cómo su tronco es sólido y cómo sus ramas se extienden hacia el cielo.

Ahora, visualiza que este árbol es una representación de tu vida. Sus raíces representan tus experiencias pasadas, sus ramas son las posibilidades futuras y su tronco es tu presente.

Parte 2: Reconoce lo que ya no está

Toma un papel y dibuja un árbol sencillo. En las ramas que caen o las hojas secas, escribe aquello que has perdido recientemente o que has dejado atrás. Esto puede incluir personas, relaciones, metas, creencias o etapas de tu vida que ya no están presentes.

Reflexiona sobre estas preguntas mientras escribes:

¿Cómo me siento al pensar en estas pérdidas?

¿Qué me enseñaron estas personas, etapas o experiencias?

¿Qué espacio dejaron en mi vida al irse?

Parte 3: Reconoce el ciclo de la transformación

En las raíces del árbol, escribe cómo estas pérdidas han nutrido o están nutriendo tu crecimiento personal. Por ejemplo:

Una relación que terminó pudo enseñarte sobre lo que necesitas en una pareja.

Una etapa de vida que concluyó puede haberte dado herramientas para enfrentar nuevos desafíos.

Un duelo pudo haberte acercado a valorar más la vida.

Pregúntate:

¿Qué aprendizajes o fuerza puedo extraer de estas experiencias?

¿Cómo puedo honrar estas pérdidas como parte de mi historia?

Parte 4: Cultiva el renacimiento

En las nuevas ramas de tu árbol, escribe lo que deseas cultivar a partir de estas experiencias. Estas pueden ser nuevas metas, emociones, relaciones o aspectos de ti mismo que quieras desarrollar.

Formula intenciones claras y específicas. Por ejemplo:

"Quiero construir relaciones más auténticas."

"Deseo abrirme a nuevas oportunidades profesionales."

"Voy a dedicar tiempo a mi crecimiento personal y bienestar."

Parte 5: Ritual simbólico

Toma un momento para mirar tu árbol completo:

Las hojas que representan lo que se ha ido.

Las raíces que muestran cómo esas pérdidas te fortalecen.

Las ramas que simbolizan tu futuro crecimiento.

Si lo deseas, realiza un pequeño ritual:

Escribe una carta a tu árbol: Agradécele por mostrarte los ciclos de la vida y por sostenerte en tu proceso de transformación.

Planta algo real: Si tienes un jardín o una maceta, planta una semilla o una planta pequeña mientras reflexionas sobre cómo las pérdidas en tu vida han dado espacio para nuevas oportunidades.

Reflexión final

Responde estas preguntas en tu diario:

¿Cómo me siento después de hacer este ejercicio?

¿Qué descubrí sobre mi relación con la muerte y el cambio?

¿Qué puedo hacer cada día para nutrir mi "árbol de la vida"?

Revisa tu dibujo o tus notas cada vez que sientas que estás enfrentando una pérdida o un cambio importante. Este árbol será un recordatorio visual de que, aunque algunas partes de ti caigan o desaparezcan, siempre habrá espacio para que algo nuevo crezca.

Mensaje final del ejercicio:

La vida es un ciclo constante de muerte y renacimiento. Así como el árbol pierde sus hojas en otoño para renovarse en primavera, tú también estás en un proceso continuo de transformación. Honra tus raíces, celebra tus ramas y recuerda que cada pérdida, aunque difícil, puede convertirse en la semilla de algo hermoso.

CAPÍTULO XIV
CATORCE

VIVO MIENTRAS MUERO

El tiempo es una paradoja fascinante. Cada segundo que vivimos, avanzamos hacia el final de nuestra existencia. Este pensamiento, que podría parecer aterrador, encierra en realidad una de las verdades más poderosas y liberadoras: estamos muriendo desde el momento en que nacemos. Sin embargo, lejos de ser un motivo de miedo, este hecho es una invitación a vivir con intensidad, a amar con profundidad y a dejar una huella significativa en el mundo.

La mayoría de las personas viven como si fueran inmortales. Postergamos sueños, dejamos que los días se escapen entre la rutina y las preocupaciones, y asumimos que habrá un "mañana" para decir lo que sentimos, para arriesgarnos o para corregir el rumbo. Pero, ¿y si el mañana no llegara? ¿Y si hoy fuera nuestra última oportunidad para vivir plenamente?

El arte de vivir intensamente

Vivir al máximo no significa llevar una vida frenética, llena de viajes o de logros superficiales que buscan impresionar a los demás. Vivir al máximo es conectar con nuestra esencia, con lo que realmente importa, y hacer de cada momento algo memorable.

Es aprender a detenerse para admirar un amanecer, sentir el viento en el rostro o escuchar el latido de nuestro corazón. Es abrazar a quienes amamos como si no hubiera una segunda oportunidad, decir "te quiero" sin reservas y perdonar sin rencores. Es tener el valor de tomar decisiones difíciles, de seguir caminos que nos llenen el alma, aunque impliquen riesgos o incomodidad.

Vivir al máximo es un acto de presencia. Es estar aquí y ahora, sin quedarnos atrapados en los errores del pasado ni en las preocupaciones del futuro.

El regalo de la impermanencia

La muerte no es nuestro enemigo, es nuestra mayor maestra. Nos recuerda que todo es temporal, que nada dura para siempre, y que eso está bien. La impermanencia nos impulsa a valorar lo que tenemos, a no dar por sentado lo que hoy parece seguro.

Es fácil dejarse atrapar por la monotonía, pero cuando recordamos que cada día es un regalo irrepetible, la vida adquiere un sabor distinto. Nos damos cuenta de que, aunque no podamos controlar cuánto tiempo estaremos aquí, sí podemos decidir cómo usar ese tiempo.

Haz de tu vida una obra de arte

Imagina que tu vida es un lienzo en blanco. Cada decisión, cada acción y cada pensamiento son pinceladas que dan forma a la obra final. ¿Qué colores elegirás? ¿Te arriesgarás a pintar fuera de las líneas, a probar algo nuevo, a crear algo que te haga sentir orgulloso?

No esperes a que las condiciones sean perfectas para empezar a vivir. La perfección es un espejismo; lo único que tienes es este instante. Escribe ese libro, aprende ese idioma, lánzate a ese proyecto que siempre quisiste. Abraza tus sueños con la misma intensidad con la que el sol abraza la tierra cada mañana.

Vivir mientras morimos

No sabemos cuánto tiempo nos queda, pero sí sabemos que cada día es una oportunidad de crear recuerdos, de construir algo valioso, de ser la mejor versión de nosotros mismos. No vivas esperando; vive haciendo. Ama, ríe, llora, explora, cae y levántate. La vida no se mide en años, sino en momentos que te quitan el aliento.

Al final, cuando llegue ese último suspiro, no nos arrepentiremos de haber vivido con intensidad. Nos arrepentiremos de haber tenido miedo, de no haber dicho "sí" a las oportunidades y de no haber amado lo suficiente. Así que mientras estamos aquí, mientras respiramos, hagamos de nuestra vida una celebración.

Porque sí, estamos muriendo, pero también estamos vivos. Y vivir es, sin duda, el mayor privilegio que tenemos.

Ejercicio capitulo 14

Ejercicio: "Mi vida en perspectiva"

Objetivo: Reflexionar sobre la importancia de vivir al máximo y conectar con lo esencial de nuestra existencia.

Material necesario:

Una hoja de papel o un diario.

Un bolígrafo.

Un lugar tranquilo donde puedas estar sin interrupciones.

Parte 1: Encuentro con la impermanencia

Cierra los ojos y respira profundamente durante 2 minutos. En cada inhalación, imagina que estás absorbiendo vitalidad y energía. En cada exhalación, siente cómo dejas ir preocupaciones, tensiones o miedos.

Reflexiona: Si hoy fuera mi último día de vida, ¿qué sería lo más importante para mí?

Escribe una lista de cinco cosas o personas que valorarías más en este hipotético escenario.

Parte 2: Recordando los momentos más vivos

Piensa en los cinco momentos más significativos de tu vida, esos en los que te sentiste verdaderamente vivo, pleno y conectado.

Escríbelos en tu hoja de papel.

Describe brevemente qué sentiste y por qué crees que esos momentos fueron tan especiales.

Ahora responde: ¿Qué tienen en común estos momentos?

¿Fue la presencia de personas amadas?

¿La sensación de superar un desafío?

¿La conexión con la naturaleza o contigo mismo?

Parte 3: Tu legado consciente

Imagínate al final de tu vida, mirando hacia atrás. Pregúntate:

¿Qué legado quiero dejar?

¿Qué quiero que las personas recuerden de mí?

Escribe un breve párrafo describiendo cómo te gustaría que se viera tu vida si la vivieras plenamente. Sé honesto y creativo.

Parte 4: Declaración de intención

Crea una frase que resuma tu compromiso con la vida. Puede ser algo como:

"Me comprometo a vivir con amor, valentía y gratitud."

"Prometo valorar cada día como un regalo irrepetible."

Escribe tu frase en un lugar visible (puede ser una nota en tu teléfono, una pizarra o tu espejo). Recuerda repetirla cada mañana.

Parte 5: Acción consciente

Escoge una acción concreta que puedas hacer hoy para vivir de acuerdo con lo que reflexionaste.

Llama a alguien que amas y díselo.

Haz algo que siempre postergas.

Disfruta un momento sencillo con plena atención.

Al final del día, escribe cómo te sentiste al realizar esa acción y qué aprendiste de ella.

Cierre

Este ejercicio es un recordatorio de que la vida no está en los grandes planes del futuro, sino en los pequeños momentos del presente. Regresa a este ejercicio cuando sientas que te desvías del camino o que olvidas la importancia de vivir mientras mueres.

AGRADECIMIENTO ESPECIAL

Quiero dedicar un espacio especial a mi esposa, cuya contribución a este libro trasciende lo tangible. Este proyecto no habría alcanzado su esencia más profunda sin su presencia constante, su aguda intuición y su sensibilidad única.

A lo largo de este proceso, me apoyaste con una paciencia inquebrantable y una visión que complementó cada idea. Tus observaciones claras, tus palabras precisas y tu habilidad para escuchar activamente fueron fundamentales en la creación de estas páginas. Me ofreciste un contrapeso perfecto entre objetividad y empatía, recordándome siempre la importancia de mantener la humanidad en cada palabra.

Gracias por ser mi ancla emocional en los momentos más desafiantes, por inspirarme a mirar más allá y por ayudarme a estructurar no solo el contenido de este libro, sino también mis pensamientos en torno a él. Tu capacidad para iluminar ideas y aportar perspectivas enriquecedoras marcó una diferencia sustancial en el desarrollo de este trabajo.

Este libro es también un reflejo de tu esencia, de tu sensibilidad ante los temas que nos conectan con lo más profundo de la experiencia humana, de tu disposición para apoyar a otros en sus momentos más oscuros y de tu compromiso con la verdad y la trascendencia.

Gracias, amor mío, por ser mi compañera en este camino y por recordarme que las ideas más significativas nacen, crecen y se sostienen desde el amor y la dedicación compartida. Este logro es tanto mío como tuyo, y por ello, te estaré externamente agradecido.

Made in the USA
Columbia, SC
09 February 2025